JN418857

당신이 오실 때

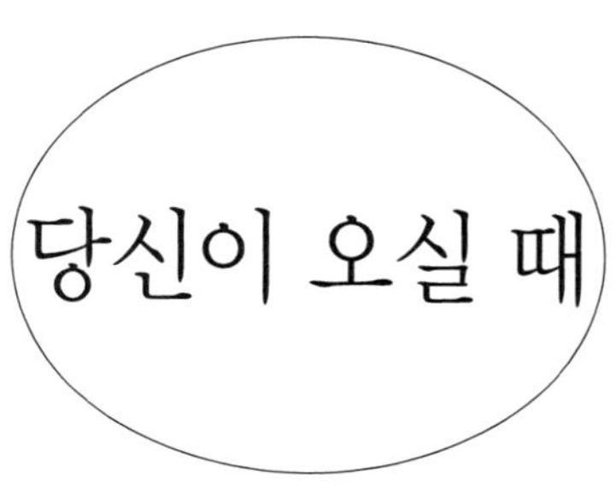

당신이 오실 때

노진욱 시집

문학의전당

시인의 말

人生은 편지 한 통을
신에게 건네는 것이다
아름다운
나의 여신이여!

차례

1부

2부

3부

4부

1부

開花

꽃이 피는 모습을
누가 아름답다 하는가
이리도 아픈
이 가슴의 깨어짐
그리움의 처연한 폭죽
봐 줘야 하는데
단 한 번 피었다 사라질
나의 모습을
이 사랑을
지금 봐 주어야 하는데
당신이 보고 있어야 하는데

당신이 오실 때

당신이 내게 오실 땐
여기 피하고 저기는 돌아가다
잊힌 시대처럼 가물거리는
잡목 부러지고 잡풀 우거진 오솔길로 오지 마소서
순백의 고운 토사 깔아 놓고도
스스로 발목 잡히는
도남서원 백사장처럼 더듬거리지 마소서
하회의 물길같이
한참을 에돌아 머뭇대지 마소서
당신이 내게 오실 땐
골짝엔 다리 세우고 절벽은 터널을 뚫고
산맥의 심장부를 직선으로 관통하는
내륙고속도로처럼
꺾일 줄 모르는 과속으로 달려오소서
진남교반 왕벚꽃 찾아들듯
월악산 송계 단풍길을 내닫듯
상기된 표정으로 숨가쁘소서
당신이 내게 오실 땐
한여름 땡볕 아래 푹 꺼진 어깨로
터덕터덕 걸어오지 마소서

와와 소리치는 칠선 폭포수로 날아오소서
하늘을 찢는 밤벼락처럼
당신의 시공을 질러오소서

선운사 동백

그대여 오라
앞산 애기단풍 새순 피어날 때
고요한 아침 영혼을 깨뜨리고
골짝 가득 메우는 동박새 노랫소리로 오라
천수천안 관음의 눈빛으로
겨울을 인내한 독경 소리가 퍼런 계율의 껍질을 찢고
충혈된 눈동자로 월장하고 있나니
하늘을 찌르는 삼나무 걸음걸이로
천 년 부도탑 건너 들어와
상사화 화관 머리에 쓰고 내게로 오라
하늘도 땅도, 선홍의 열꽃 흐드러진 나의 자락엔
무게를 견디지 못하는 그리움만이
툭 툭 떨어지고 있나니
바람도 햇살도 스며들 수 없는
깊고 서늘한 이 열망의 춘향 속으로
아침 이슬 곱게 떨구며 사철 푸른 찻잎 따는 손길로 오라
부서지는 물소리에 등줄기 씻어내고
연둣빛 댓잎자리 곱게 깔아 놓았으니
사월의 새벽하늘이 새싹처럼 환히 열리는
동박새 날갯짓으로 오라

달아오른 내 목덜미 꿀물 넘치는 자궁 깊숙이
굳은 부리 치켜들고 내게로 오라
개울가 버드나무 옹기옹기 소곤거릴 때
자운영꽃 오색 융단을 깔고
그대여 오라
그대여 나에게 오라

화엄사 홍매

이별의 순간부터
가슴으로 옮긴 진주홍 애화愛花

천왕봉 일출日出같구나
삼생三生의 열망이
태초의 날빛으로 터져 나오는

주묵朱墨 듬뿍 찍은 화필畵筆같구나
한번 확 그으면
불타는 열정으로 번질 것 같은

홍염紅焰 만개한
네 둘레를 에워싸고
벌겋게 들떠 웅웅거리다

뿌리채 뽑아들고 일필휘지一筆揮之하나니
그대여 돌아오라
눈 시린 저 허공에
그대여 내게 돌아오라

개구리 울음

네 소리 들리면 떠오르는 것들

무논 가득히
숨 멎은 어둠
아카시아 향기
구름 딛고 가는 달무리
연한 더덕 향의 올 굵은 머릿결
아, 내일이 되면…
소쩍 소쩍새

하늘에 닿아 있는 것들
물기 머금은 것들
눈 감으면 선명하게 다가오는 것들
잡을 수 없는 것들

가을 편지

올해도 가을이 되면
내가 보는 모든 것들이 너를 닮아가네

네 까만 눈동자처럼 별이 총총 자라고
냇물이 새하얀 종아리처럼
뚝길을 팔짝거리며 달려오고
들뜬 단풍잎에 환한 웃음꽃 피고
마르는 풀잎새 사이에
울음 삼킨 눈물이 잠들고
석류알 햇살은 출근길에 마주친
씻은 네 아침 인사 같은데
귓전에 통통거리던 목소리는
튀어 오르는 은어 등허리에 타닥거리고
강변 달리는 바람에 긴 머리 날리는
억새꽃과, 하얀 미소는
목화송이 피어나는 구름이 되네
아득히 강물이 되네

아, 가을이 되면
사과밭 파란 하늘을 닮은 너는

강물이 되어 바람이 되어
내 가슴을 덮어주던 나뭇잎마저 쓸어가 버리네

운주사 와불

그댈 향한 비원이
천불 천탑에 스며들어
마애불 눈썹 밑에 구름으로 머문다
세월의 발길질에 귀 떨어지고 코도 미어지고
합장으로 모아 잡은 가슴 하나만
태아처럼 웅크려 쿵쿵거린다
아침 햇살을 타고
허공을 깨는 목탁 소리가
諸行無常제행무상 청정하게 강講할 때도
쉽게 골짜기를 떠나지 못하겠구나
빛바랜 단청이 되어
천상의 석공들도 하늘로 돌아갔다
칠성암에 올라앉아
苦集滅道고집멸도 홀로 손톱으로 새겨놓고
퇴색한 풍경소리처럼 떠나왔는데
마음은 언제 또 되돌아가
미소 띤 그대 옆에 와불臥佛로 누워 있느냐

백일홍

개심사 오작교
연지 위에는
애절한 눈망울이
해종일 붉고
저녁 해가
안양루 눈썹에 들 때
서쪽하늘 함지에
노을로 뜨네
여름내 피고 피는
진주홍 사랑
은하보다 깊고 먼
길목에 서서
가야산 반월
초롱불로 받쳐 드네

불이선란도不二禪蘭圖

난 하나의 꽃대만 세우고 한 송이 꽃만 피워요. 그대 숨결 같은 온기와 이슬방울과 아침 햇살로 반짝이는 그대 미소의 채광이 없으면 난 살아갈 수가 없어요. 난 하나의 눈만 가지고 한 곳만 바라보아요. 분을 넘는 사랑을 바라는 것이 아니에요. 맺힌 가슴 씻어 내리는 청수만 뿌려주면 정갈한 모래 틈에 뿌리 내리고 사철 푸른 잎으로 꼿꼿할 수 있어요.

숨이 멎는 암향으로 사무칠 것입니다. 문 닫아 걸고 찾고 또 찾은 그대를 안으로 안으로만 키우다 키우다가 그대의 첫 모습이 난잎으로 치고 나오는 성근 내 삶의 여백 속에 제시題詩를 적어주세요. 붉은 낙관 쾅쾅 찍어주세요. 백매화 꽃잎 같은 한지 속에서 그대와 나는 하나의 묵향으로, 두번 다시 맞을 수 없는 무언의 난향으로 피어날 것입니다.

유리창을 닦으며

유리창을 닦는다
좀 더 또렷이
조금 더 멀리 보기 위해서
유리창의 안쪽과 바깥쪽을 깨끗이 닦으면
유리는 사라지고
안과 밖의 풍경은 하나가 된다
나와 너의 두 눈을
가슴을 이렇게 깨끗이 닦으면
부옇게 막혀있는 너와 나의 공간도
하나가 될까
둘로 가른 경계는 사라지고 우리가 될까
밤길처럼 숨죽인 우리의 꿈이
환한 현실로 이어질까
흐리고 가슴이 막막한 날엔
유리창을 닦는다
먼 곳에서 반짝이는 흐린 너를
깨끗이 보다 또렷이
보다 더 선명하게 너를 보기 위해서
별처럼 아득한
우리의 꿈을 닦는다

종유석과 석순처럼 우리는

형체도 거리도 알 수 없는
깊고 캄캄한 이 동굴 속에서
네가 거기 있다는 예감만으로
내가 여기 있다는 믿음만으로
눈물방울 같은 전음 이어가며
천만 년 세월 살아갈 수 있을까

서로가 서로를 향하는 습하고 더딘 발걸음

나는 천정에서 바닥으로 자라고
너는 바닥에서 천정으로 자라나
운명처럼 우리는 한 몸이 되고
저 하늘과 땅을 떠받치는
거대한 석주 하나 세울 수 있을까

잠버릇

언제부턴가 나는 엎드려 잔다.
지구, 너를 껴안고 잔다.

네 젖은 젖가슴에 얼굴을 묻으면
아득한 초등학교 5학년 자연시간이 자전과 공전의 신비로 다가오고

너는, 헛배 부른 아프리카 난민이 되었다가
폭격으로 부서진 이라크 사막 도시가 되었다가
하루에도 여의도만큼씩 사라진다는 아마존 밀림이 된다.

지구, 너를 안고 잠들면
어린왕자처럼 허공을 둥둥 떠다니기도 하고

항만 건설로 사라진 만호리

결코 등 돌릴 수 없는 너를 안고 잠들면
바다를 끌어안고 글썽거리던 절벽 위 청솔나무 숨죽인 울음소리가
파도처럼 퍼렇게 되살아온다.

바위의 노래

1.

그대에게 달겨드는 미미한 먼지들과 삶의 한 방울 습기까지 빨아들여 눈부신 푸른 초원을 발목까지 펼쳐놓고 구름 같은 백일홍으로 피어나려 했던 나는 투명한 그대 눈빛에 심장 뚫리고 불붙은 비닐처럼 비틀리고 오그라드는 이 그리움과 안타까움만으로 팔도 없는 무딘 상체만 낮게 세우고 있습니다 당신을 바라보고 있어도 당신에 대한 목마름에 탈진하는 나는 피어나는 새싹보다 왜소합니다 그러나 세상을 쫓는 가쁜 질주에 지쳐 그대가 잠시 내 곁에 머물러 주신다면 그대의 느낌만을 몸속에 다져넣고 무수한 그대 모습을 만물상으로 새겨 죽어서도 자세가 변하지 않는 온몸이 그대 눈동자인 바위가 되고 싶습니다.

2.

그대를 만나 두려움을 알았습니다. 화산처럼, 각질 암반 뚫어버리고 흙과 나무와 뿌리까지 날려버리는 내 뜨거운 심장의 분출로 그대 가슴 바닥 속까지 용암으로 스미던 나는 싸늘한 대기의 눈총에 가슴이 식고 차디찬 빗줄기 바람처럼 떨고 있는 그대 눈빛의 두려움에 관절이 굳어 이젠 초음으로 전해오는 그대 존재의 예감만을 안으로 갈무리하며 시간의 칼날에 부서지고 깎여나가도 오직 그대 모습으로만 조각되는 나는 파아란 돌이끼가 격한 심장을 뒤덮고 있는 바위가 되고 말았습니다.

3.

처음엔 바람으로 그대 옆 스치며 흘끔흘끔 하얀 손등과 짧은 머리칼도 슬쩍슬쩍 건드리고 귀 당겨 노래 불러보고 까만 눈동자에 짓궂은 웃음 보내다 어느 한순간 나는 그대에 덜컥 취해 손 발 굳어버리고 눈도 귀도 고정된 나는, 그대 눈빛 하나에 구름처럼 부풀고 파도처럼 부서집니다. 내가 당신을 떠나지 못하는 것은 결코 당신을 위한 내 사랑의 배려가 아닙니다. 한순간만 당신을 떠나려 해도 폭우 속에 함몰하는 낙화처럼 찰나를 비행하는 운석처럼 내 삶의 전부가 참담하게 부서져 무너져 내리기 때문입니다.

겨울 편지

아, 나는 조금이라도
더 천천히 떨어지고 싶어서
가슴을 펑펑 얼리고
조금이라도 더 날기 위해서
하얀 깃털을 몸에 펼치고
조금이라도 더 꿈꾸기 위해
천사의 날개를 달고
조금이라도 더 버티기 위해
덩굴 풀에 매달리고 달리는
차 위에 드러눕기도 하고
조금이라도 더 바라보기 위해
눈물이 흐르고, 시야보다 먼 눈-이 되고
조금이라도 더 지켜보기 위해
얼음이 되어 보지만
끝내 온몸이 부서져
아, 해빙이 되고
나는 질척거리는 흙탕이 되어
괜한 행인의 발목을 잡기도 한다네

화병 속의 꽃

나의 소망이란
어떻게든 눈에 들어
허리가 부러지는 아픔으로 당신 방에 들기
봉합되지 못하는 상처를 열고
깊이 젖은 당신의 품속에서
흔들림 없는 꽃가지로 정착하기
가지 끝까지 피어오른 당신의
살과 뼈와 향기가
내 살갗을 찢고 터져 나올 때
우주가 폭발하는 화사한 꽃잎 달기
눈부시게 아름다운
원색의 눈물 달기
흐트러짐 없는 자세로 당신의 머리맡 지키기
뿌리도 줄기도 내일의 꿈도
끊고 당신만 바라보기
당신의 생명이 말라감을 지켜보며
당신보다 더 바싹바싹 마르기
나의 소망이란
다시 피어날 수 없는 단 한 번의 꽃 되기
당신의 모습 되기

화두
–서옹 스님의 사리를 친견하고

절은 산과 계곡과 계절에 매어 있다
승은 절과 부처에 매어 있다
신도는 승에 매어 있다
그리고, 나는 그대에게 매어 있다

대지를 넘어 줄기를 넘어 가지를 넘어 피어난 새순
승을 죽이고 법을 죽이고 부처를 죽여 빛나는 사리
어제를 넘어 오늘을 죽이고 내일을 불태워 나타나는 그대

코는 종일 냄새 맡은 것의 포로다
눈은 종일 바라본 것의 포로다
귀는 종일 들은 것의 포로다
그리고 나는, 종일 그리는 그대의 포로다

선묘독백
–부석사에서

1. 무지개 되어
그대를 처음 본 순간
내 동공 하늘가에
용울음 받쳐 이고 쌍무지개 떴다
일제히 압도당한
망막 그리고 목울대
사람들은 모두 하늘을 보고 있었다
아름다움과 빛 됨 위해
살아온 나날
순간, 나는 사람들의 눈 속 하늘에 뜬 무지개를 보았다
숱한 굴절과 진애를 물들여 칠보색으로 피어난
무지개의 꿈
무지갯빛 꿈으로 나는 물들어 갔다

2. 노을이 되어
숨겨둔 얼굴은 보이지 않는다
핏빛 가슴뿐
채색의 아름다움에 숨 막혀 죽어가는
산과 들과 대지 위로
그대 이름 안에서 다시 피는 구름바다와 산들

하나의 얼굴을 품어 안음으로써 탈색하는
탈변하는 이 조화와
내가 내 스스로에 반하여 숨죽이는
세상을 압도하는
본질적인 아름다움이여
예언처럼 태양을 품어
선홍으로 정박碇泊한 나

3. 용龍이 되어

내 육신 바다에 수장하고
죄 하얗게 씻어
본능마저 헹궈낸 후엔
거품마저 가셔낸 후엔
온몸 반짝이는 비듬을 달고 용이 되어
다가갈 수 있을까
수만 겁劫 가로막힌 인연을 헤치고
시퍼런 불법의 계율을 건너
세세생생世世生生
그대 품속에 귀의할 수 있을까
파도치는 거친 세상, 등줄 벽 세우고

비바람 폭설에도 불기둥 뿜어내며
험난한 해탈의 길 열어갈 수 있을까
성불의 업業 일으킬 수 있을까
그리움의 여의주 뼛속 깊이 묻어놓고
사무치는 그대
도솔천 건널 때까지

4. 하늘이 되어

구름에 산다 하늘은 구름을 쫓아
짙게 가라앉기도 하고 환히 치솟기도 한다
먹구름이 천지를 뒤덮으면
고통의 폭우를 쏟고
차디찬 세상에는 그리움의 눈발 날린다
성긴 눈발이 아물고 영글면
그리움은 마침내 꿈으로 뜬다
숱한 꿈송이가 하늘에 뜬다
파아란 동공瞳孔 속에 하얀 영혼이 스민다
하늘은 언제나 한 곳에 있고
언제나 구름을 부른다
어두운 밤하늘을 지켜 바라보면,

무수히 반짝이는 눈빛이 있다
이미 고정된 눈빛
구름만이 감싸안을 수 있는 저 하늘의 눈빛

5. 뜬돌浮石이 되어

언제쯤 그대 앞에 부석으로 다가갈까
질서의 화엄 세계 지켜가면서
천 년 세월
당당한 지주支柱로 다가설 수 있을까
천왕문 앞에서 욕정 죽이고
온몸 바쳐
그대 석축 되어
정랑조차 엄격히 아름다운 세계, 석탑으로 염원 담으면
하늘과 땅이 만나는 이 세상
천지를 품어 안을 수 있을까
그대는 탱화마저 가식이 되는
엄숙하고 단아한 무량수의 세계
서방정토 꿈꾸는 그대 앞에
석등, 석탑도 없이
조그만 선묘각으로 물러나

그대 내륙 깊숙이
골담초 선비화로 자랄 수 있다면,
천 년을 깨어져도
다시 짓는 사랑
나 뜬돌이 될 수 있을까

2부

코스모스길

새겨보지 않아도
익숙한 풍경
눈을 감아도
눈 감지 않아도
늘상 환하게 다가서는 얼굴
지나온 내 삶을
추억으로 가꾸어 주는
내일을 떠올려도 어여쁜 사진
코스모스 너머 노오란 들판
새파란 하늘 너머
어제도 오늘도
선명하게 인화되는
가을 풍경 인물화

바람결에 하늘거린다

청룡사 부도탑

삶과 죽음을 구별하듯
절집과는 동떨어진 자리
마을에도 밭에도
감나무 그림자가 물체처럼 박혀있고
한 몸처럼 얹혀있는 까치집을
징검다리를 디디듯
하루를 건너
해가 서산 솔숲에 내리면
눈 아래 저수지에서
기어 나온 흑룡이 스멀스멀 마을로 든다

물소리가 촉촉이 겨드랑이를 적신다
문득 정지한 시간
부도탑을 에워싼
돌담 안으로 들어서면
세월의 깊이는 어둠처럼 까마득하다
바닥에 몸을 붙이고
소리 죽이는 종형의 좌선 부도
울음에 갈라지고 서서히 떨림에 부서지는
그 절절함의 깊이를

손끝으로 따라가다
나도 곁에 주저앉아 석종이 된다
그리움의 전신사리 돌 속에 묻어놓고
침묵으로 떨고 있는

그대여!
지금 너는 듣고 있는가
천 년을 울고 있는 나의 종소리

너의 호수

나 죽으면 호수가 되어야겠네
버들 순 연초록 색감 비치고
산 그림자 밑그림에 산벚꽃도 그려 넣고
어쩌다 바람결에 갑사
매화 한 송이 날아와 앉으며
나 잘 있어요 하고
내 가슴에 안길 때
여린 파문 하나에 전부가 흔들리다가
고요해지고 평온한
계룡산 서편 자락 연지戀池 되어야겠네
계절마다 바뀌는 너를 비추고
바라보고 또 바라보고
더욱 더 예뻐지기만 하는 너를 담을 수 있는
산골호가 되어야겠네
사뭇 심심하면 여백 한 귀퉁이에
구름 한 장 띄워놓고
이젠 나 구름이 좋아하고 놀려먹기도 하는
아침 호수가 되어야겠네

산에는 꽃이 피네

겨우내 멍울진
기다림의 단비 쏟았을 때
세상에 흥건한 봄의 양수를 보았지
꽃잎 피듯 그대가
내 가슴을 열고 나온 날
내 눈물이 펵 터진 날
봄빛으로 낭자한
나의 사랑을 보았지
계절이 한순간 달려든다는 것을
꽃잎은 어느 날
펑펑 터진다는 것을
새싹도 찰나의 동작으로
빈 허공에 마구 몸 던지는 것을
나는 알았지
한순간 그대가 내 가슴을 찢고 나와
만장挽章으로 시위할 때
그대가 얼마나
참아 왔는가를
목숨으로 기다려 왔는가를

내 가슴속의 암세포

그대 가슴속에는 진주가 자라고 있다지
철없이 삼킨 사랑의 모래알이
여린 살 속을 굴러다니며
아픔의 극한을 헤집어 댄다지
아홉 해의 그리움과 아홉 달의 불면과
아홉 번의 사경을 헤매는
말씀이 자라고 있다지
언제라도 죽음의 칼날을 들이밀 수 있는
무기질 고통이 자라고 있다지
그리움도 기다림도
뼈아픈 후회도 증발하는
저 폭염의 바닷가에
소금처럼 응고된 쟁쟁한 고백이
까만 눈동자로 빛나고 있다지
천만 년의 인연을 몸 안에 다져 담고
파도 같은 아픔의 물무늬 위에
차마 뗄 수 없는 미망이 자라고 있다지

그런 그대를 바라보는 내 가슴속에는
결코 뗄 수 없는 화근이 자라고 있다지

내 목숨의 전부가 되어버린
나 아닌 나, 생명 아닌 생명
눈 시리게 찬란한 진주가 자라고 있다지

일출

천공선을 찢고 나와
창끝 같은 눈빛으로 네 가슴 꿰뚫는
일출이 되지 못한다면
너 바라보기를 포기한다.

세상 머리 위에 둥둥거리며
헤픈 웃음 흘리는
낮 해는 되지 못하리라.

히말라야 빙하 같은
백두산 천지 같은
네 하늘빛 몸뚱어리에
첫 햇살로 꽂히지 못한다면

만남의 빛깔

비가 오기도 전에 벼는
연한 속살 내민다.
불볕 막아서던 어제 그제의
마른 입술이 아니다.
세상을 거부하는 손길은
굳고 딱딱하지만
세상을 받아들이는 손길은
순하고 여리다.
고개 죽 숙었던 고추 꽃도
풀 죽던 수양 치마도
비가 비치기도 전에
여리고 순한 얼굴 내밀어
비를 맞이하는 생기 연연하다.
바다가 보이지 않아도
파닥거리는 갯내음 같은
지친 꿈결에도 정신이
화들짝 깨는 산공기 같은 네
소식의 들뜬 파동처럼
갓난 새순의 빛이
연초록 미소로 환하다.

겨울나무와 눈

지나칠 수 없었어
넌 너무 외로워 보이거든
편히 바닥에 내려
남들만큼 오래 살다가
춘삼월 새싹 배웅 받으며
아롱아롱
날아갈 수도 있었는데

떨고 섰는 너를 스쳐갈 수 없었어
한 뼘 햇살에도
한 자락 바람에도
한숨처럼 무너질 날 뻔히 알면서
그냥 지나갈 순 없었어
네 썩은 삭정이에 붙어서라도
방울방울
네 생명 틔어주고 싶었던 거야

넌 너무 예뻐서
도무지 그냥 지나칠 수 없었어

봄

산책길에 떨어진 솔방울 하나
예쁘다 주워 들고
좋아라 하는 너

어머, 피었어요
정말, 집에 가져다 두었더니
꽃처럼 활짝 피어났어요

당연하지
그럼 그럼, 당연하지
너의 눈빛 안에서는
너의 손길 한번 닿으면

蓮池연지에 내리는 빗소리

꽃대에 얼굴 감추고
참붕어 앳된 녀석
가만히 귀 열어 엿듣고 있네

天池천지가 샌 빗방울을
진주처럼 모으다
무릎 咸池함지에 부어 담는
옥치마 연잎과
하늘과 땅을 이어주는
숱한 빗방울의
우연雨煙 오작교 위에

만월로 핀 연꽃이
빠르게 또 느리게 목소리를
낮추다가 높이다
한참을 고요히 눈 맞추다
조곤조곤 주고받는
끝없는 사랑 이야기

내 가슴 수초 숲에

어룽어룽 비치는
오매寤寐에 연연한 그 모습이네

아름다운 것은 모두

새벽 지하철을 탄다
이 빠진 옥수수통처럼 듬성한
좌석 끄트머리
서 있는 사람들이 늘어나면
눈은 스스로 원죄처럼 눈감는다
선로 길이의 주기로 다가오는
곱슬곱슬한 감촉
보슬비 머금은 초롱꽃술 내음새
몸이 수석처럼 굳는다
첫 별이 뜰 때부터 첫 별이 질 때까지
순수증류주로 몸을 적시고
순결한 피부가 정제해 낸 술의 향기다
부끄럼으로 새벽같이
머리도 얼굴도 찬 수돗물에 헹구어
의식으로 빚어낸 몸의 향기다
애써 돌아보지 않는다
확인하지 않으면
아름다운 것은 모두 너의 분신이 된다

나비의 꿈

여름에 피는 꽃은 원추리 엉겅퀴 산나리꽃 그리고 해바라기 등 많은데 집 앞길에 핀 무궁화도 여름에 피는데 아주 예쁜데 특히 소복으로 달을 바라보는 눈빛이 청초하고 소슬한데 나는 그 꽃이 너무 가여워 보여요 며칠을 지켜보아도 찾아오는 나비가 없었어요 가까이 다가가도 꿀벌 한 마리 없이 늘 혼자 외로이 있어요 나는 이 꽃이 얼마나 애타게 나비를 기다리고 있을까 생각하며 바라보다가 '저 여기에 있어요 바람조차 멀리하며 당신을 기다리고 있어요 당신은 어디에 있나요 어디쯤 오고 있나요' 하는 애절한 꽃의 목소리를 듣고는 내가 나비가 되고 싶었어요 내가 나비가 되어 내 꽃을 찾아가야 하는데 하고 중얼거리다 서성거리다 집에 들어와서도 밤새 뒤척이다가 얼핏 든 새벽잠에 나비의 꿈을 꾸었어요 꽃을 찾아 떠나는 나비의 푸른 날갯짓을 보았어요 지친 그리움의 꽃잎을 다시 뿌리로 쟁이는 아픈 나의 꽃을 찾아 내가 나비가 되어 떠다니는 긴 더듬이를 보았어요

나는 숨이 멎었네
–어느 고서점에서 낡은 책 표지를 넘기다가

졸리운 눈 비비며 읽던 책을 책장에 꽂으려다 당신이 준 책들이 나란히 저물녘 솔잎처럼, 눈에 들어 당신의 글만 다시 잠깐 읽어 봐야지 하는 생각에 십 년 세월 입어 이미 빛바랜, 당신이 내게 주었던 '생의 뿌리' 첫 장을 여는 순간 나는, 가슴이 서늘히 내려앉아 품에 안고 한참을 머리 묻고 쭈그리고 앉아 있었어요. 아 그때도 알았었지 당신 떠나 내가 살 수 없다는 걸. 14년 전 그때도 얼굴 묻고 쭈그리고 앉았던 내 모습이 눈에 선연한데

가슴속에 살아 퍼득이는 또 하나의 나
…네게…

당신 또한 내게 그런 사람이란 걸 당신. 내 자리가 아닌 곳에 이미 뿌리 내려놓고 끝없이 흐르는 후회의 눈물로 당신에게서 도망쳤던 내가 용서가 될까요. 이제는 안 된다 해도 이미 늦어 정말 안 된다 단호해도 그때로 돌아가 당신이 내게 했던 말 이제 내가 들려주고 싶어요. 편히 잠든 당신을 깨우더라도, 지친 당신을 다시 일으켜 세워서라도 앉혀서라도, 사랑해요. 사랑해요. 당신이어서 오직 당신을 사랑해요.

핸드폰

아무리 바라보아도 울리지 않는 네게

취하도록 술을 마셔도 흔들리지 않는 네게

별을 보다 달을 보다 다시 바라보아도 움직이지 않는 네게

하늘이 환하게 새벽이 와도 대답 없는, 네가 재잘대던 세상 떠올리면 가슴이 패이고 마른 속뼈 들추며 밤새 네가 들락거리는데 네가 앉았다 날아간 마음 빈 가지 끝에 찬바람 일어 네 노랫소리와 튀는 몸짓이 환청으로 밤새 떠도는데 샛별 같은 문자메시지 하나 없이 디지털 해는 아침을 넘어 한낮을 스쳐 걸어가고 있는데 네가 달아준 고리에 걸려 내 눈길이 하나 둘 신음으로 꺾이는데 그래도 절대 미동하지 않는, 너를 꼭 부여안고

–괜찮은 거니
–정말 괜찮은 거니

병산에서

병산에서 하회 가는 길을 걸었습니다. 그대 살결 같은 백사장을 따라 걷지 못하고 같이 옆에 붙어가지 못하고 강물처럼 숨죽인 그대 울음 들릴까 봐 뚝길만 따라 걸었습니다. 발 힘이 다하도록 걷다가 풀벌레 소리 가득한 길에 앉아 종이컵이 넘치도록 회한의 거품만 따랐습니다. 전생의 그리움이 눈빛으로 남아 불면으로 지새우는 별만 바라보았습니다. 깜박이는 애잔함에 구름도 살이 트는 별빛만 바라보다가 비파성으로 맴도는 모기소리만 듣다가 두터운 운명의 어둠 속에서 반딧불로 명멸하는 그대 모습만 그렸습니다.

바람 이야기

지금껏 내가
너를 흔드는 줄 알았어
내가 다가가 꽃이 피고 열매가 맺고 계절이 바뀌는 줄 알았어
그런데 그게 아니더라구

떨어지는 나뭇잎의 작은 네 흔들림이 나비의 네 고운 날갯짓 하나가 나를 흔든다는 걸
나를 일으켜 세우고 춤을 추게 한다는 걸
언제나 네가 먼저 깨어 있었다는 걸
나를 바라보고 있었다는 걸

불러 외치고 있었다는 걸
이제 알았네
그래서 내가 있다는 것을
그래서 우리 세상이 있다는 것을

문어

주변의 모양과 색깔로 순간에 변신하며
소리 소문 없이 접근해
제 다리 두께의 십 분지 일도 안 되는 좁은
구멍을 유연히 통과해

한번 붙으면 절대 떨어지지 않는다는
한번 잡으면 절대 놓지 않는다는
제 다리를 끊어먹으며 때를 기다린다는

문어처럼

내 사랑도 저렇게 올 수 있을까
결코 놓치지 않고 붙잡을 수 있을까
몸뚱이가 다 부서져라 지켜 낼 수 있을까
이 목숨이 다할 때까지 기다릴 수 있을까

이십구 인치 청자 빛 브라운관
화사한 산호 숲에 매화꽃가지로 만발했네

산나리꽃

라라를 바라보는 지바고의 눈빛으로
아! 나는
너의 시를 쓰고 싶었는데
한 구절 떠올리기도 전에 옆얼굴만 가득하고
점점이 귀여운 주근깨만 보이네
–시인 되지 말고 화가가 될 걸
운율 가닥 다스리면 시냇물에 닿는
푸른 목소리만 쟁쟁 울리네
–글 쓰지 말고 노래 배울 걸
다리와 가는 허리와 살짝살짝
결 고운 이와 작은 입모양과 싱싱한 어깨가
발갛게 웃으며 산빛 마구 흔드는데
싸늘한 산기운에 나는 눈이 시리네
차가운 아침 이슬에 온몸이 젖네
–사람 되지 말고 바람이 될 걸
–바람이 될 걸, 구름이 될 걸
아아! 나는
–네 옆을 떨며 지키는 사시나무나 될 걸

3부

가지치기

선달 된바람 속에서
하늘로 쭉쭉 뻗은
배나무 생가지를 쳐내고 있다.

바닥에 떨어져 뒹구는 숱한
오, 라훌라*. 오, 라훌라여.

비로소 배나무는
뼈 앙상한 석가모니가 된다.
십자가에 못 박힌 예수가 된다.

청피 툭툭 터지는 저 가지마다
봄이 오면 구름 같은 배꽃이 피고
눈부시게 가을 황금배가 열릴 것이다.

*라훌라 : 석가모니의 아들. '걸림돌, 장애물' 이라는 뜻으로 아들이 부처님의 정진에 가장 큰 장애물, 애물碍物이었다고 한다.

장군봉을 오르며

목욕한 선녀가 날아오르고
면벽의 고승이 금강 삼매로 살아가는 곳
억겁 세월을 깎아
허공에 세워놓은 물소리 바람소리
구름 속 아득함을 기어오르려면
가진 것 다 내려놓아야 한다
길은 보이지 않는다
회백의 직벽은 완고하고 차갑다
손끝에서 발끝으로 이어지는
팽팽한 긴장선이
무거운 육신을 천상으로 끌고 간다
지상에서 멀어질수록
천상은 더 넓어지고
천상으로 다가갈수록 지상은 작다
중력과 부력을 줄 하나에 걸고 있는
칼끝 같은 고도감
세상에 대한 집착은 목숨보다 무섭구나
올려보는 바위는 무겁고
내려다보는 바위는 죽음처럼 아득하다
하늘이 가까울수록 심하게 살아있는

벽과 벽의 실금을 따라
길은 오직 손끝에서 시작되고
발끝에서 사라진다
한순간도 뗄 수 없는 필생의 사랑
눈길 한번 돌릴 때마다
온 설악이 일렁거리고
천만 바위봉이 꽃으로 피어난다

밤송이에 찔리다

학교 옆 야산에 산밤이 벌었구나

여름내 앙크란 가시 세우고 대책 없이 사방 찔러대던 밤송이들이 부신 가을 햇살에 스스로 벌어 너나없이 다가와 손 내밀 수 있게 동백꽃처럼 바닥에 흥건하구나 매끈한 가죽 겉옷을 열고 보드라운 속옷 벗겨 내면 숨 막히게 드러나는 우주의 속살

눈부시구나

중 3 상기된 국어 수업 알밤 속살 같은 '소나기' 읽고 있는데 '소나기' 에 흠뻑 젖어 있는데 불쑥불쑥 튀는 밤송이들 와르르 속 끓여 천방지축 난장판에 달려들어 왜 속이 야물게 밤알처럼 여물지 못하느냐고 여기저기를 투덕거리다가 문득 따갑게

찔리는구나

歸京길

달빛에 부서진 사금파리가
살얼음
목덜미를 바람 차고 가른다

피 한 방울 배지 않는 싸늘한 칼질

밤새 씻어내던
어머니 눈물 옴폭옴폭 앞세우고
별 고개 넘–어
호박길*을 떠나가는 새벽 누이야

*눈이 많이 쌓이면 발이 젖지 않기 위해, 앞서간 사람이 디딘 발자국을 그대로 따라 디디고 가는 눈길

산나물을 뜯으며

어버이날 새벽
어머니와 백운산 기슭에 들어
산나물을 뜯는다.
왜 산나물을 뜯는다 말하는지 알겠다.
아무리 잡아당겨도
뽑히지 않는 깊숙한 뿌리
뜯고 또 뜯어도
다시 돋아나오는 새순
골다공의 숨결과
버둥거리시는 발밑
마른 가지 부러지는 소리
불안하다.
지난 가을 말라죽은 잎들은
결국 땅으로 돌아가도
줄과 줄로 이어진
뿌리의 힘은 영원할 것이다.
묵잎처럼 꺼멓게 마른
어머니 손이
어린애 손가락 같은 고사리며
향 짙은 취나물을 뜯는다.

묵나물 두릅

함박눈을 툭툭 털며 어머니를 찾아갔다.
꽃나물 같은 웃음 피워 올리시며
냉장고에서 두릅을 꺼내 무치시는 어머니
통통하던 살이 다 빠져나간
저 쭈글쭈글한 빛바랜 섬유질이
조곤조곤 무치는 어머니의 손등과
어쩌면 저리도 닮았을까
두릅나무 껍질보다 더 거칠구나
지난 봄, 너덜겅 산비탈을 더위잡으며
수없이 긁히고 찔린 육순의 손마디가
양념이 배어들어 다시 붉게 물든다.
순하고 여린 놈들만 골라 채곡채곡 챙겨둔
한 번도 풀어놓은 적 없는 그리움이
푸짐히도 녹아 맛깔스럽게 무쳐지는구나
굳이 양념을 하지 않아도
간간하게 자르르 윤기 흐르는
고소한 손길 아래 마주 앉지 못하고
꾹꾹 집어 삼키는 묵나물
향긋한 두릅나물 가시가 자꾸 목에 걸린다.

몸

갈대 속청을 흔들고
대나무 텅 빈 몸을 지나
허공을 당기는 대금소리
빗방울을, 가닥가닥 내 가슴의 현을
울리는 소리
소리로 사는
친구 아곡은
새벽 운해 속에 단소를 던지고
피− 휘리리릭
제 몸에 소리구멍 뚫었다
솔바람 영산회상*
청매화 꽃잎으로 달 아래 피어났다
지평과 수평선이 마주한
텅 빈 들판에서
직각으로 꺾인 내 그림자를
꽉 막혀버린 몸통을
저만큼 비켜가는 갈바람 소금소리
멀찍이 얼음 강변을 달리는
대바람 중금소리
몸이여!

통소를 불어다오
닫힌 네 가슴 빗장을 걷어내는
막힌 내 가슴속 허공을 들어내는

*영산회상 : 단소의 한 곡조

빙화冰花

내 정신의 회초리를 벼리고 벼려
스모그로 막힌 저 도시의 허공을 꿰뚫지 못한다면
어느 하늘도 바라보지 못하리
어느 세상에도 별빛은 내리지 않으리
나의 줄기에 어떤 새싹도 다시 매달지 못하리

시퍼렇게

빙화冰花처럼 내가 얼어붙지 못한다면
칼날로 날 세우지 못한다면
어떤 가식의 언어도 베어내지 못하리
어떤 진리도 이 땅에 꽃피우지 않으리
내 정신의 회초리가 죽창처럼 꼿꼿하지 못하다면
내 스스로의 가슴에 비수를 꽂지 못한다면

봄강

살다 그 삶에 지치고
억새처럼 굳으면
나의 발부리는 강물을 향한다
끊임없이 흐르는 생기로
무엇이나 온몸으로 감싸안는 강
숱하게 덩굴손 뻗어
강은 뭍으로 기어오른다
강뚝을 넘어
들판으로 산등으로
온 세상을 푸른 강물로 출렁이게 한다
보이지 않는 뿌리를 얽어
세상을 하나로 만든다
한 빛으로 마주보게 한다
하얗게 굳은 얼굴을 풀고
내가 네 빛으로 물들어
온통 우리는 봄날이 된다

가을사진

코스모스 꽃잎 사이로 세상을 보면
흰 들국화 지천으로 깔리는
현철이 말대로
가을이 와서 코스모스가 피는 것이
아니라
코스모스가 피어서 가을이 아름다운 것이다.
코스모스 꽃잎으로 세상을 보면
억새꽃으로 하얗게 흔들리는
그래
동경이 형 말대로
풀잎에 스친 손가락에서
아리게 배어나오는 선홍의 핏방울 되어
그래요 그렇게 서러움으로 지켜 서 있는 것이다.
계절을 허물 벗는 산기슭
코스모스 꽃잎 속으로 세상을 보면
새파랗게 하늘은 높아만 가는
그래 그래
코스모스 네 말대로
세월을 견디고 맑은 눈으로 살아
단풍잎으로 피어나는 그대 미소를

이슬 눈 설레이며 또 다시 바라보는 것이다.

月井里驛

끝점에 닿는 길은 길고 멀어라. 깊게 패인 협곡 기형의 현무암 덩어리 고석정 지나, 맨발 걷어야 속살 보여주는 직탕폭포 지나, 이념의 총탄 구멍만 뼈아픈 노동당사 지나, 민통선 지나 용암이 뒤덮어 평지가 되었다는 철원평야 지나, 백마고지 옆에 두고 제 2 땅굴을 향해 달리다 남방한계선 철책에 붙어있는, 바라다 보이는 들판이 바람맞는 남정네 가슴팍처럼 황량한 전망대 옆에 순백의 그림엽서로 붙어있는 월정리역. 우물가에는 완전무장한 앳되고 순한 병사 몇이 점심 물을 긷고, 50m쯤 되는 몸통 잘린 선로에 녹슨 철마 한 대 병든 물개처럼 퍼져 누운 한 켠, 어울리잖게 큰 이정표에는 그리운 사람의 이름과 닿을 수 없는 거리가 평강 19km 원산 123km 함흥 247km 성진 478km 나진 731km. 한 뼘 돌계단에 붙어 앉으면 눈감아도 이곳이 어딘지 말해주는 스쳐온 모든 것을 떨림으로 담고 있는 바람이 숙은 내 목덜미에 내려앉는, 끝점에 닿는 길은 아득하여라.

청령포

내 무엇을 아쉬워하랴 무엇을 안타까워하랴 왕족의 피 갇힌 이곳에서 녹음 짙은 바람 되어 파전 한 접시 동동주 한 잔 놓고 흐르는 강물에 머리 씻었는데 뜨거운 님의 눈빛 강변에 깔아놓고 굽이치는 님의 음성 강물에 풀어놓고 햇살이 싫으면 그늘에 들고 그늘이 싫으면 모래벌 찾자 속박으로 사는 왕도王道 벗어 던지고 황노루 되어 산천을 보자 휘늘어진 천년송 아래 시조비로 서 보자 금표비로 묶여버린 내 현생의 인연이야 필생의 인연이야 팔 걷고 목숨 벗어 쪽배에 던져놓고 시퍼런 속계 율법 꿈틀거리는 강을 넘자

관음경觀音境을 찾아서, 파도

아 – 보소
이 보소
자꾸 도망가지 마소
신기해서 그라요
자꾸만 뒤척이지 마소
궁금해서 그라요
당신의 컴컴한 내부가 신비해서 그라요
보소 이 보소
자꾸 그렇게 비비 틀지 마소
힘들어서 그라요
정말 피로해서 그라요
당신의 몸속 깊이 들어가 좀 쉬고 싶어 그라요
눕고 싶어 그라요
보소 자꾸 퍼덕거리지 마소
천 리 만 리 달려와
하얗게 솟구치는 이 세찬 대구리를
이제 좀 처박고 싶어 그라요
죽이고 싶어 그라요
자꾸 그렇게 밀쳐내지 마소
보소 이 보소

쪼매만 쪼매 좀 보소

관음경觀音境을 찾아서, 꽃봉오리

아직은 아니어요
애절한 눈빛으로 쳐다보지 마세요
당신의 바램처럼
허리끈을 툭 풀어내기엔
가끔씩 뒤돌아보는 당신의 눈동자가
너무 많이 흔들려요
매끈한 가죽 자켓 훌훌 벗어 던지기엔
나를 감싸 안는 당신의
열망의 온기가 흐드러지게 완연하지 않아요
바람으로 떨리는 당신의 손길이
아직 너무 어색해요
연분홍 속옷 흔연히 비춰 보이기엔
꽃샘으로 일렁거리는
당신의 마음을 믿을 수가 없어요
은근 슬쩍 슬쩍
건드리지 마세요
숨 가쁘게 다가오지 마세요
순백의 블라우스 가슴 단추 툭툭 터지기엔
꼭 다문 바지 고리 맥없이 풀리기엔
때가 너무 일러요

아직은 아직은 아니어요
새하얀 속살 와르르 열어 보이기엔

가을나무

나무는 언제 그 많은 꽃잎들
보아두었다가
단풍으로 제 몸을 그려내는 것일까
나무는 언제 그 많은 소리들
들어두었다가
맑은 낙엽성落葉聲으로 사근거리는 것일까
구름 가득 담아다가
시린 계곡물 비추며 환히 떠 있는 것일까

가을이 되면 언제 나는
보이지 않는 얼굴
그리다 그리다가
붉은 노을빛으로 물들어갈 것인가
들리지 않는 소리
부르다가 부르다가
가을바람 속으로 사라져 갈 것인가
혼불처럼 반짝이는
네 눈빛
어디에 새겨두었다가
하늘 복판에 별로 박힐 것인가

가을이면 나무는 설잠으로 야위어 간다

女神이여

1.

당신을 만나면 내 혼이 빠져나감을 느낍니다 다른 사람과의 삶은 생활이나 당신과의 만남은 女神이여! 그것은 삶이 아닌 꿈일 겁니다

2.

당신과 나 사이에만 길들임이 있습니다 길들인 자와 길들여진 자가 아닌 다른 사람들은 모두 타인입니다 그러나 길들인 자보다는 길들여진 자가 더욱 자유롭습니다 길들여진 자가 떠남의 끝에서 뿌리는 것이 슬픔의 눈물이라면 길들인 자가 이별의 끝에서 만나는 것은 삶의 의미조차도 사라져버린 벼랑 끝 절벽입니다

3.

그대가 나를 보아주지 않는다는 외로움 때문에 나는 이리 힘듭니다 나를 지켜야 할 최소한의 내 눈마저도 나를 버리고 당신만을 바라보기 때문입니다 그리고 나에 대한 당신의 미움으로도 당신에게로 향하는 나의 마음을 막아낼 수 없다는 것입니다 다가가는 마음이 칼날처럼 베이고도 잠시도 돌아볼 줄을 모르고 당신에게로 난 거친 억새길을 치닫고만 있기 때문입니다

4.

내가 가진 크기로 당신의 사랑을 일 년 이 년 … 얼만큼이나 버틸 수 있을까요

5.

꽃은 피어남으로 꽃이 됨이 아니고 보여짐으로 꽃으로 완성됩니다 내가 더 이상 당신의 가슴속에서 꽃으로 피지 못할 때 흔들림 없는 줄기로 굳굳할 수 있을까 꽃처럼 피는 당신의 미소 속에서 단풍잎으로 사라져가는 내 뒷모습을 봅니다

6.

여행의 세상은 아름답습니다 그러나 어떤 환희의 순간조차 가슴 바닥을 휩쓰는 온통 저며 오는 아픔 내 안에 가득한 그대가 곁에는 없고 옮겨가는 눈길 눈길마다 미소짓는 그대가 형체는 없습니다 언제나 끝이 보이는 여행으로 나는 당신에게 다가갑니다

7.

여신이여! 당신은 왜 나에게, 오직 당신을 사랑하는 한결같은 자세만 내게 주시고 당신의 사랑을 받을 수 있는 모습은 내려 주지 않으십니까

보편주의자

세상에서 가장 아름다운 말
멋진 말
영원히 라는 말
사랑한다는 말
제행무상諸行無常을 잘 알면서도
존재하는 모든 것은 변하지 않음이 없다를 아주 잘 알면서도
버텨보고 싶은 말
지키고 싶은 말
영원히 라는 말
사랑한다는 말
영원히 사랑한다는
아주 흔하디흔한 말
그러나 영원히
너를 영원히 사랑한다는 말

4부

초설初雪

새 한 마리 날아 하늘을 찌른다

무엇 하러 바람뿐인
이 텅 빈 허공으로 찾아왔느냐

별빛으로 지새는
에이는 눈망울을 너는 아느냐

자작나무 가지처럼 깨진 하늘은
인적 끊어진
어느 차가운 그믐날

싸락눈으로 부서져 내릴 것이다

연못은 연소한다

연소하는 것들은 대부분 자신의 몸을 감추지
'이젠' 사라지는 것들 카바이트 덩어리도
차디찬 드라이아이스도 하찮은 지푸라기도
제 나름 연막탄을 터트리며 형태를 감추지
고구마 뿌리도 상아가 비싸다는 코끼리도
에헤이 달궁 다져밟은 우리 조상님들도
보이지 않는 곳에서 슬며시 자신의 몸을 바꾸지
그렇게 눈부신 사랑도 떠날 땐 몸부터 바꾸지
약속도 진실도 사라질 땐 저를 감추지
달빛 고요한 수면에 야광의 포물선 그려놓고
밤새 떨던 그리움도 망망한 연못에 빈
대 걸어놓고 줄담배 서너 갑 죽이던 들뜬 기다림도
새벽이 되면 새벽빛으로 하얗게 연소하지
불빛에 눈먼 발정개나 들고양이 시체처럼
길바닥에서 객사한 놈들이 아닌 바에야
스스로 사라지는 것들은 자신의 몸부터 감추지
자욱한 혼돈 속에 제 몸을 비틀어 숨기고
'저런' 물안개 속에서 자아의 틀을 바꾸지
헛꿈도 사랑도 대낚 걷듯 휘접어 버리고
아침이 되면 모든 것을 일상으로 되돌리지

그리하면, 새벽이 되면, 나의 연못도 가볍게 승천하겠네

교통사고

잘못이 있다면 맹목적이었다는 거야
좌우 살피지도 못하고
앞뒤 가리지도 않고
너를 향해 가속으로 달렸다는 거야
중앙선을 넘어 달려드는 무소의 쇠뿔이
뭉크의 그림처럼 동공에 찍히고
캄캄해진 의식이 인화지처럼 서서히 밝아진 후
모든 것은 단숨에 뒤집어진 거야
나의 바퀴들 다 망가지고
새벽 세차를 마친 몸통은 다 찢어지고
힘차게 구르던 나의 엔진은 터져버리고 만 거야
더 이상 회복할 수 없는
폐차 지경으로 부서져버린 거야
몸속 삼백육십 뼈마디 다 어그러지고
근육과 살덩이들 다 흔들리고
내장의 위치까지 뒤틀려 버렸는데
그런데 겉모습은 왜 이리도 깨끗한 거야
한걸음 다리 힘도 없는데
숟가락 하나 들어올릴 손가락 힘도
남아 있지 않은데

나는 왜 이리도 말짱한 거야
너를 향해 기어갈 팔도 다리도
심장도 꽃봉오리처럼 터져버렸는데
쾅하고 부딪치는 순간
짧게 스치고 간
배꽃 같은 얼굴이 내게 남은 전부인데

낙화

떠나야지
둥둥 꽃가마 타고
세상은 장날 놀이판인데
바람이 잡아채도 단단하던 내 꽃부리
아침 봄비 맞아
부서지는가
젖은 눈동자 가슴에 담았으니
흐드러진 춤사위
허공에 뿌려놓고
향도 생기도 잃어버린 몸
줄기를 떨치는 추락의 길도
한결같은 몸짓으로
흘러가야지
하늘에서 바닥으로 닿는
숨죽인 여행
상기된 표정으로
돌아서야지
내가 선 꽃자리에 새움이 돋고
분신처럼 열매 맺는
계절을 앞장서

세상은 잔칫날 웃음판인데
둥둥 꽃바람 타고
망각의 강을 건너
사라져야지

秋雨추우

비가 오네요 눈과 귀의 폭을 채워
그리움은 강이 되고
손 놓고 멍하니 흩어진 흐린 시야
그대 모습 보이네요
목줄기를 타고 내리는 서늘함은
슬픔이기도 하고 기쁨이기도 하네요
굵직한 말들이 꿀럭거리다 목에 걸리고
내 안에 내가 갇히네요
해와 달을 가리는 그대 안에 갇히네요
비가 오네요 번복하는 우기처럼
만남도 헤어짐도 만남도
또 다시 건기처럼 만남도 헤어짐도
다 꿈꾸는 사랑이겠지요
구름이 만드는 뒷산과 앞내처럼
그대 안의 삶이겠지요
흠뻑 젖었다 바싹 마르며 사랑은 자라고
속은 타 썩어 가겠지요
단풍 들고 다시 새 잎이 나도
바람만 텅텅 울겠지요
비가 오네요 우연 깊이 얼굴을 가린

코스모스 또 국화꽃잎에
하늘과 땅의 소리 가득 차네요

마지막 잎새

강줄기를 댐이 막아섰다
저수지가 바닥났다
탁주를 허공에 뿜으며
산발한 망나니가 빙빙 돈다
개미집에 개미귀신이 들어갔다
백설공주가 빨간 사과를 삼켰다
원자력발전소가 폭발했다
시월 고추밭이 된서리 맞았다

이별의 독침을 받으러
나가는 이 순간에도
죽어 물체로 되짚어와야 할
이 길을 가면서도
한 번 더 볼 수 있다는 설레임으로
세상은 온통 노을빛인데

마지막 잎새에 삭풍의 칼이 스친다

낙엽

내가 너의 손을 놓은 것인지
네가 나의 손을 놓은 것인지

붙잡고 있던 힘을
누군가 끊어 버리면
잎은 떨어지는 잎이 되겠지
가랑거리며 부서지는 가랑잎이 되겠지

가을바람이나 불어주면 좀 더 쉽겠네
비라도 뿌려주면 더욱 고맙고
인정머리라곤 하나 없는
맵찬 서리면, 정말 좋겠네

내가 네 손을 툭 놓아주기가
네가 내 손을 툭 떨치기가

이름 없는 넝쿨

가뭄 끝 단비가 백미리나 퍼 부어
장미 살점이 바닥에 흥건하다
시절이 지나가면 부서지는 몸뚱어리
그 누구도 반할 수 없는 헝클어짐이
넝쿨에 매달려 있다
나의 자세가
저리 참담한 날이 언제였던가
가슴속에 장맛비 퍼부어
몸뚱어리가 흙탕물에 둥둥 떠다니던 날
꽃잎은 떨어지고
가시만 앙상하게 말라가던 날
꽃잎이 떨어지면
장미도 찔레도
청가시덩굴도 오직 넝쿨일 뿐이다

슬픔에 젖을 때는 저래야지
생명이 뭉텅 떨어져 나간 처참한 줄기

해바라기의 연가

오마고 한 임 기다리는 건
새벽 한겨울
손발 모아 바라는 일출과 같고

오지 못할 임 기다리는 건
늦가을 강가에 앉아
물결 위에 내리는 석양을 보는 거 같네

밤새 떨며 기다려
가슴이 시리고
종일을 바라보아도
헤어짐은 안타까워 마음 저리네

새까맣게 타는 나의 영혼아!

틈도 없이 쟁여진
그리움의 씨앗들
바람도 눈발도 흩지 못하네

겨울나무

그래요
혼자
서야만 해요
얼어붙은 땅 끝 헤치며
물기 빨아가며
눈보라의 난동 속에서도
꽃눈 반짝이며
파아란 맥박으로 굽이쳐야 해요
차오르는 아픔은
단단한 껍질로 덮싸고
외로움으로 하여 나는
더 굳은 줄기로 자라나
꿋꿋이 서서
하늘 응시하며
맨몸으로
침묵하며
시린 칼바람도 견뎌야 해요
잎으로 터질 듯한
진초록 나의 가슴
잎술 깨물어

안으로 삼켜내며
쓸쓸한 이 계절을
그래요
혼자
버텨야 해요

비 내리는 날

차를 타고 가로수 길을 지나치다
보면 나무들은 녹색 우의를 무겁게
걸치고 있다 그렇게 너와, 너와
나의 시간은 멍멍한 이 빗속에서
엇갈린다 내가 나무되어 너를
떠나보내고 있는 것인지 내가
규정 속도를 지키며 너를 떠나가는 것인지
아니면, 하얀 티밥 같은 망초꽃이나
바닥에 바탕색으로나 깔리는 민들레 잎 내지는
이제 한창 키 크는 코스모스 줄기 또는
잎새 뒤에서 토실한 아기 몇 안아 키우는 저
배나무들이 나를 배웅하는 것인지
스쳐가는 사물과 사물 속에서
네가 눈에 들어 너를 만나고
너를 가슴에 담아 비 내리는 날은
아프다 이렇듯 비 맞고 있는 세상은
눈도 제대로 뜨지 못하고 고개도
이별의 손길 하나 들지 못하고 서로가
서로에게 멀어져가는, 비 오는 날
걸음을 세워 바라볼 수도 없는 폭우 속에

인연은 언제나 먼 추억이거나
이를 수 없는 아득한 꿈길일 것이다

통일전망대

남겨 두고 온 것은
모두가 다 슬픔인가
고결한 바다가 가슴에서 부서진다.
숨 막히게 빼어난 해금강 몸뚱이가
백사白砂에 몸을 묶고 날로 세운 아픔들
태초부터 존재한 망망한 대해大海마저
처절히 부딪고 깨어지는 곳.
끊임없는 염원이
구름으로 밀려가지만
손 내밀 수 없어
철책으로 막힌 공간.
파랗게 멍울진 파도만을 끌어안고
바람으로 이어가는
안타까운 인연줄.
본래 하나인 우리가
두 갈래로 찢기어 울부짖는 곳.

노안老眼

끌어당기던 나이에서 밀어내야 할 나이가 된 것이냐

더는 만남을 꿈꾸지 못하고 추억해야만 할 나이가 된 것이냐
네 얼굴과 몸짓의 행간에 숨겨진 의미까지
생략된 표정의 흔들림까지 읽어내던
내 두 눈을 접어야 할 때
내 가슴만이 아닌
세상이라는 돋보기를 통해야 너를 바라볼 때
낡은 외투처럼 구석에 퍼져 앉아
다른 사람들이 토해내는 숨 막히는 이야기를 허허 들어주어야 할 나이가 된 것이냐

멀어져 가는 너를 애태우던 나이에서
이젠, 네가 다가옴을 두려워할 나이가 된 것이냐

착시

주인공 남녀가 함박눈 가득 웃음 터뜨리는 광경을 아득히 바라보다
담배나 피우러 베란다에 나가면
아파트 여백 마다에도 눈이 내리는 것 같다
이와 같이 인식도 둔한 내가 철새처럼 예감하는 때는
여름날의 잎들이 갑자기 고개 숙일 때, 또는 갑자기 고개를 들 때
가을이 다가왔음을 느낀다는 것이고
몸이 흐리면 비가 온다는 것이고
당신의 목소리가 낮아질 때, 혹은 갑자기 높아질 때
나의 계절에 겨울이 왔음을 안다는 것이다
아주 작은 당신 언어의 떨림도 크게 받는다는 것이다
그대의 흔들리는 계절에 전율하는 것이다
떨어짐 뒤에 나타나는 영원한 정지현상마저
내 삶의 여백으로 채워지는 것이 명백한 사실처럼 보인다는 것이다

꽃사과의 여름

피워낸 시간보다
지워가는 세월은 멀고 길어라
꽃잎 떨어진 자리에
단정히 차려입은 진초록 제복
사랑의 빛깔은
제각각 달라도
지켜가는 모습은 하나 같아라
계절을 세며
나무는 단색의 치마 속에
연분홍으로 떨리는
봄날의 기억들을 키워가고 있구나
또다시 꽃을 피우지 않는 나무는
한결같은 모습으로
여름을 견디다가
시리도록 푸른 달빛이 서릿발에 부서질 때
봄꽃처럼 물든 가슴
한 겹 한 겹 벗어내며
눈물처럼 열린
기막힌 결실들을 보여주는 것이구나

굳은살

나는 착각했었네

고추씨 볍씨 흙범벅으로
굳은 어머니 손바닥 보며
빨치산 발이 곰 발바닥처럼 두껍다는
이태의 '남부군' 읽으며
세월이 흐르면
사람의 손도 발도
시공간을 초월한 빛깔을 띠고
소나무 껍질처럼
저절로 굳는 줄 알았지
두드려도 피 흐르지 않을 줄 알았지
사람을 보내는 가슴 복판에도
굳은살이 배고
건천乾川 같은 흔적 하나 남으면
잊히는 줄 알았지
나는 착각했었네
나이가 들면
실개울이 오히려
강이 되어 흐른다는 걸

디딘 발밑을 휩쓸어 버린다는 걸
흐린 네 조각만 스쳐도
마른 가슴이 우르르 쏟아져 버리는 걸

저승꽃나무 3

또 해가 지나고 껍질만 는다
성장은 멎어도 껍질은 두껍게 부푸는구나
한때 심장에서 가장 가까웠던
기억들이 가을바람에 삭정이로 툭툭 부러진다
미망의 홍엽 재빨리 털어 버려도
날씨는 어느새 추상이다
바람이 어깨에 들락거린다
햇살이 무심히 심장을 투과한다
축적된 언어도 없이 가을에 휩쓸리다 팔 한 짝 잘라낸다
부피를 줄이며 살아가는 얼굴은
오래 지치고 바랜 저승 빛이다 그런데
안으로 안으로만 뻗고
땅속에 박혀 썩지 않는 뿌리는 어떻게 잘라내야 하나
흙빛의 뿌리는 아무리 흔들어도
흔들리는 몸통을 곧바로 일으켜 세우고
잎맥 같은 잔뿌리에는
털어 버린 미망들이 다시 까맣게 붙어 있구나
속살이 삭아 껍질이 뜨면
뿌리 끝까지 바람이 들어오려나
잘게 기억들이 부서지고 흙이 되려나

볼품없는 나의 가을을 바람이 헤집는다

구룡폭포 아래서

내가 그대, 꿈의 치맛자락에
발길을 디밀었을 때
앞산 설해목 곁가지 툭 부러지고
그대 어깨 위에 쌓인
하얀 눈가루 연기처럼 부서져 내렸다
모두가 얼어붙은 은빛의 중심에서
너는 영롱한 옷깃 꽁꽁 여민 채
바위처럼 단단하고
네 한 치의 깊이도 파고들지 못하는
뿌리는, 싸늘한 암반만 헛밟고 있다
얼마나 높으란 말이냐
내 그리움의 금강
얼마나 깊으란 말이냐
연주담 바위 연못에 일렁이는 눈물은
얼음 구멍을 솟아 범람하는데
구름은 저리도 무심히 흘러가는데
퇴색한 관폭정 난간에 기대어
얼마를 더 기다리란 말이냐
허공에 얼어붙은 꿈의 빙폭아
폭포수로 쏟아지던 나의 사랑아

밤의 독백

저 달이 구름바다를 걸어가듯
거침없이 나

그대에게 다가가 볼까요

그대와 나를 가로막는
빽빽한 이 어둠의 밀도를
조각내며

오직
둘만의
인력引力으로 부딪쳐 가 볼까요

물과 고기

고기가 물을 좋아하는 것은
물이 고기를 좋아해서가 아니다
願해서가 아니다
물을 떠나서는
순간도 살아갈 수 없기 때문이다
고기는 오직
물속에서만 춤추고
꿈을 말하며
먹이를 얻어 숨 쉬고 살아간다
물살 같은 물빛
물고기가 물의 깊이를 헤아릴 수 없어
예감이 굳어지면
무엇으로 용서받을 수 있을까
폐수로 물이 썩고 물이 죽었을지라도
더 이상 살 수 없을지라도
결코 고기는 물을 떠나지 못한다
새 물을 찾아
다시 살아가지 않는다
물처럼 죽어
물과 함께 썩어갈 뿐이다

통화음

별을 줍는
가을 목소리

바람 같은 떨림에 피가 마른다

일렁이는 모든 것들이
사라지고 나면
닿으리

마을과 마을
강 이편과
저기 강 건너 네 편

| 발문 |

한 탐미주의자와의 동행

김동경(시인)

봄 – 찰나刹那

그가 매화를 말할 때 그의 눈은 어느 때보다 빛났다.
그러나 빛난 만큼 더 깊게 슬퍼지곤 했다.

매화를 품은 계절은 추운 겨울을 길게 겪고 나서야 우리 앞에 모습을 나타낸다. 겨울이 참 깊다 라고 느낄 때쯤 봄의 화신은 저 남녘에서 신화처럼 소식을 전해오는 것이다. 그 무렵 그가 밤잠을 설레며 배낭을 꾸리는 것을 나는 이해하지 못했다. 매년 봄이 지나갈 즈음 넌지시 화엄사 홍매의 자태를, 혹은 선암사 매화향을 이야기할 때면 으레 그가 딛어 갔을 아름다운 세상의 한 풍경이었으려니 했다.

진욱이는 봄이 되면 반드시 하동이나 구례를 다녀와야 했다. 같은 학교에 근무한 적이 있는 백 선생은 어느 해 봄, 가족과 함께 쌍계사를 오르다 산사 입구 꽃잎 지는 평상에 앉아 홀로 잔을 기울이는 진욱이를 만났다고 했다.

그는 많은 꽃을 이야기 했으나 유독 매화에 대해서 엄청난 집착을 갖고 있었다. 봄의 꽃이 매화뿐일까마는 그가 다른 꽃을 이야기할 때와 매화를 말할 때는 그 열정이 달랐다. 모든 꽃이 나름대로 의미와 이야기를 갖고 있으나 매화와는 비교할 수 없다고 늘 말했다. 우리 사는 평택이라는 고장도 봄이 되면 어디에 내놓아도 손색없을 봄의 꽃세상이 있지 아니하던가. 배꽃이 피면 온 세상은 갑자기 하얀 도화지를 펼쳐 놓은 듯 꿈의 붓질을 부추기는 황홀한 세상이 우리 주변을 감싸는 것이어서 몽혼의 봄 저녁을 누리곤 하였고, 그 세상에서 진욱이와 함께 한 시간들이 몇 해이던가. 배꽃 핀 하얀 세상을 그 역시 예찬하고 만족해하였으나 이야기를 나누다 보면 언제나 그의 꽃에 대한 사랑은 매화에서 절정을 이루었다. 그가 매화에 매료된 것은 그 피어있는 시기와 만남의 순간이 매년 봄, 순간의 한때라는 찰나성刹那性에 있는 듯 싶어 보였다. 절정의 시기를 놓치면 그 해의 매화는 그에게 의미 없는 것이었다. 그렇게 절정의 순간에 매화를 만나고 와서는 일 년을 그 자태와 향기를 다시 볼 날을 기다리며 사는 것 같았다. 마치 영랑의 모란이 지고 말면 한 해가 다가고 말았다고 하듯이.

그해 봄 나는 드디어 그의 매화를 만나러 가는 여행에 동행하는 은혜를 입었다.

금둔산 금전사 우아한 돌다리를 건너 만개한 매화나무 아래 들어섰을 때, 불어오는 바람에 실려 매화꽃 향기가 나의 머리로부터 온몸을 감싸는 순간 나는 더 이상 걸을 수 없었다. 나무 밑 커다란 반석에 그만 주저앉고 말았다.

꿈꾸게 하는 향기. 달콤하면서도 아련하고, 따뜻한 몽롱함과 산뜻함에 눈 감게 하며, 무엇인가 잡히지 않으며 형상화되지 않는 고결한 표정과 같은, 단아하면서도 우아한 자태를 연상시키는 꽃향기가 그냥 그 자리에서 꼼짝할 수 없게 하였다. 아, 어떻게 이런 향기가 있는가. 난향과 닮았으되 맑고 순하며, 치자꽃 향기와 같은 부류이나 결이 곱고 깊었다.

왜 봄이 되면 진욱이가 남쪽으로 향해야 했는지 알 것 같았다. 향기와 만나는 순간 사로잡힐 수밖에 없었다.

그러나 이 향기가 이 봄, 이 세상에 머물 수 있는 시간은 얼마나 짧던가. 그 꽃을 만나기 위해 일 년을 기다려 온 그였다. 그러다 드디어 꽃이 피기 시작하면 그는 서서히 꽃과 하나가 되어가고 있었고 잠 못 이루는 설레는 밤을 지새우는 것이었다.

꽃이 피는 모습을
누가 아름답다 하는가
이리도 아픈
이 가슴의 깨어짐
그리움의 처연한 폭죽

봐 줘야 하는데
단 한 번 피었다 사라질
나의 모습을
이 사랑을
지금 봐 주어야 하는데
당신이 보고 있어야 하는데

—「開花」

생의 그 어딘가의 구비에서 스쳐지나 가 버린 아름다운 사람, 혹은 관계의 찰라성이 우리 생을 얼마나 쓸쓸하면서도 아름답게 하는지. 그때 우리는 얼마나 어리석었던가. 그 아름다움을 제대로 보지 못하고 스쳐 보냈으니. 저 봄날 우리를 감싸던 향기는 그렇게 울고 있었다. 지금 피어나는 처연한 그리움의 폭죽을 사랑해 달라고.

다시 봄은 올 것이고 진욱이의 사랑이 내년 봄 다시 이루어지기를, 그리고 서러웠던 그리움과의 조우에 목이 메이기를 안타깝게 기린다.

여름 – 적멸寂滅

홍원항은 작은 포구였다. 두 명이 간신히 누울 수 있는 민박집 창문 너머로 밤새워 바다가 뒤척거렸다. 우리가 왜 그 여름에 그 바다에 가게 됐는지는 잘 기억이 나지 않지만 바다가 내려다보이는 언덕에 자리한 민박집 마당에 앉아 어두운 바다를 바라다보며 멀리서 반짝거리는 수평선 위의 불빛을 안주 삼아 꽤 오랫동안 종이 잔을 부딪고 있었다. 가끔 바람에 실려 백합 향기가 풍겨왔다. 초라한 어촌의 언덕 위 민박집 비탈의 작은 뜨락에서 풍겨오는 백합 향기는 의외였다. 어두워 꽃은 보이지 않았으나 향기는 놀랍게도 자기가 거기에 있음을 알리려는 듯 바닷내음을 밀어내며 달콤하게 다가왔다. 그 깊은 어둠 속에서 맡는 백합 향기는 신비롭기까지 하였다. 그런 이야기를 나눴던 것 같다. 사람도 마찬가지여서 애쓰지 않아도 아름다운 사람의 향기는 저절로 풍겨 나오는 것이라고, 우리는 향기를 지니고 사는지 모르겠다고. 그러다 향기는커녕 악취만 폴폴 내고 살고 있다고 서로의 냄새를 맡으며 키들거렸다. 밤이 깊도록 냄새를 이야기하다가 결국 쓸쓸해졌다.

누군가에게 믿음을 주지 못하는 연약한 자의 냄새. 생의 주인공으로 자신있게 남은 삶을 정말 시인처럼 살아나갈 의지를 이미 잃어버린 초라한 패배주의자의 냄새. 아름다움에의 탐닉으로 인해 많은 일상의 소중함을 잃어버리고도 내가 추구한 아름다움에의 가치로 용서받을 수 있다고 믿는 무모한 자신감의 어리석은 냄새. 가질 수 없는 것들에 대한 꿈을 이미 포기한 것에 대해 부끄럽지 않아도 된다는 서글픈 자위의 냄새. 세상에 깨지기 두려워 이젠 안락함을 추구해도 어울리는 나이가 됐다고 늙어가는 영혼을 추스르지 못하는 수치스런 자존감의 냄새. 시가 진실로 치열한 삶의 궤적을 담은 그림자인 줄 알면서도 제대로 된 시 한 편 쓰지 못하며 시인인 양 살고 있는 가증스런 허위의 삶의 냄새. 그리고 가장 용서받을 수 없는 냄새인, 진실로 아끼고 사랑해야 할 소중한 것이 무엇인지를 제대로 알지 못하면서도 잘 살고 있다고 믿고 있는 혐오스런 오만의 냄새를 서로 따라주며 마시고 또 마셨다.

앞의 어두운 바다의 파도는 우리와 함께 철썩철썩 자기도 마셨다. 가라앉으라, 내 그대들의 비겁한 삶의 회한을 이미 다 알고 있나니 라고 말하는 소리가 들리는 듯도 하였다. 우리는 밀려왔다 잠기어가는 파도처럼 심연 속으로 가라앉고 싶었다.

아 – 보소
이 보소
자꾸 도망가지 마소
신기해서 그라요
자꾸만 뒤척이지 마소
궁금해서 그라요
당신의 컴컴한 내부가 신비해서 그라요
보소 이 보소
자꾸 그렇게 비비 틀지 마소
힘들어서 그라요
정말 피로해서 그라요
당신의 몸속 깊이 들어가 좀 쉬고 싶어 그라요
눕고 싶어 그라요
보소 자꾸 퍼덕거리지 마소

천 리 만 리 달려와
하얗게 솟구치는 이 세찬 대구리를
이제 좀 처박고 싶어 그라요
죽이고 싶어 그라요
자꾸 그렇게 밀쳐내지 마소
보소 이 보소
쪼매만 쪼매 좀 보소

—「관음경觀音境을 찾아서, 파도」

산다는 것은 밀려온 파도가 그렇게 사그라지듯이 적멸의 심연 속으로 허무를 벗하여 먼 길을 가는 것이리라. 진욱이의 저 어두운 심연의 깊이를 잠깐 들여다 본 그날 밤 우리는 꽤나 먼 길을 함께 여행하고 난 뒤 말하지 않아도 그 사람의 슬픔을 이해할 수 있을 것 같은 동행의 나그네 같은 느낌이 들었다. 이상하리만치 맑아지는 정신은 세상살이의 답을 잠깐 깨우칠 것도 같았다. 많이 마신 탓이었겠지만. 그는 언젠가 저 적멸의 궁 안으로 들어가 생각의 시작도 끝도 없는 세상의 주인이 되리라. 삶이 가져다 준 피곤한 그대 영혼의 궁핍을 벗고, 아름다움에 목말랐던 갈증의 혼돈에서 드디어 벗어나 자유로운 영혼이 되리라. 그대가 꿈꿔온 바람처럼.

새벽이 될수록 깊어가는 어두운 적멸의 바다 속으로 우리는 새우처럼 몸을 구부려 꾸물꾸물 기어들어갔다.

겨울 – 침잠沈潛

내리內里의 강은 겨울이 되어야 깊은 속을 슬쩍 우리에게 보여주곤 했다. 겨울다운 겨울은 공기에서까지 투명한 냉기가 느껴져야 한다. 문밖을 나섰을 때 이마에서부터 시작하여 쨍하게 폐부로 전해오는 사나운 영하의 포효가 소리도 없이 육중한 공포로 느껴지리만치 덮여올 때 비로소 겨울의 한가운데 있음을 알 수 있었다. 그해 겨울은 열흘 넘게 혹한이 계속되더니 세상을 모두 얼어붙이고 드디어 내리강까지 얼어붙게 하였다. 그날 저녁 눈은 내리지 않았고 아마 새해 신문에서 찾을 수 없었던 이름을 위로하기 위해 일찍부터 맑은 소주잔과 마주했었던 것 같다. 우리는 겨울 강으로 갔다. 저벅저벅 얼음을 딛고 얼어붙은 강의 한가운데로 들어가 우리는 드러누웠다. 캄캄한 겨울 하늘이 너무도 조용하게 창백한 별을 붙잡고 있었다. 그 순간 강의 울음소리를 들었다. 저기 상류 진위천과 안성천이 만나는 곳부터 시작되었는지 알 수 없는 강의 울음소리가 강바닥을 따라 쩌정쩡 쩌정쩌정 쩌저저저정쩡 쩌정 하고 아산만 바다를 향해 강바닥 깊은 곳에서 단속적으로 퍼져 날아가고 있었다. 서 있을 때는 들을 수 없었던 소리가 강에 드러누워 머리를 얼음에 대는 순간 끝없이 울려나오는 굵고 묵중하되 날카롭고 서러운 강의 울음소리는 세상을 깨고 있었다. 한겨울 강 위의 얼음에 누워 강의 울음소리를 온몸으로 듣고 있을 때 우리는 서러운 생의 변두리에 팽개쳐져 있다고 느꼈다. 하지만 그렇게 느껴져 오는 서러움의 무게만큼 이상하리만치 평온한 순간이었다.

내 정신의 회초리를 벼리고 벼려
스모그로 막힌 저 도시의 허공을 꿰뚫지 못한다면
어느 하늘도 바라보지 못하리
어느 세상에도 별빛은 내리지 않으리
나의 줄기에 어떤 새싹도 다시 매달지 못하리

시퍼렇게

빙화氷花처럼 내가 얼어붙지 못한다면
칼날로 날 세우지 못한다면
어떤 가식의 언어도 베어내지 못하리
어떤 진리도 이 땅에 꽃피우지 않으리
내 정신의 회초리가 죽창처럼 꼿꼿하지 못하다면
내 스스로의 가슴에 비수를 꽂지 못한다면

—「빙화氷花」

진욱이는 건너 강둑에서 서걱대고 있는 갈대를 우두둑우두둑 손으로 꺾어와 강 위에서 불을 피웠다. 갈대의 잎이 진욱이의 손가락을 깊게 베고 들어와 하얀 얼음 위로 빠알간 핏방울이 뚝뚝 떨어졌다. 일렁이는 불빛을 받아 선홍빛 꽃이 한 송이 두 송이 피어나는 것 같았다. 우리는 피를 멎게 하는 것도 잊은 채 우리의 피는 아직도 뜨겁다고 잠시 동안 그 빨간색에 감동하여 말없이 바라보고만 있었다.

가끔 가슴이 시리고 누군가에게 전화 한 통 걸 수 없을 때 내리內里로 가서 강을 바라보고 있노라면 흐르는 강물 위에 손을 젓지 않고도 누워 강 위에 떠있는 나와 진욱이가 보인다. 그러다 어두워지면 캄캄한 강물 속으로 가라앉아 돌멩이처럼 강바닥에 누워있는 모습으로 바뀌기도 했다.

우리 생의 그리움의 부레는 언제 부풀어 오를까. 언제 그가 바위에서 부석浮石으로 환신하여 뜬돌이 될 수 있을까.

그의 삶이 겨울의 가라앉음으로부터 벗어나 '와와 소리치는 칠선 폭포수처럼', '하늘을 찢는 밤벼락'으로 날아가 그의 주인 아름다움의 여신에게 전해지는 편지 한 통이 되기를. 그리하여 더 이상 춥지 않게 되기를.

산, 그리고 미망迷妄

그가 덕유의 장엄한 능선을 달빛을 벗하며 걸었던 야간 종주를 언제 마지막으로 끝냈는지 나는 묻지 않았다. 산은 그에게는 일상보다 더 친근하고 안락하며 편안함을 가져다주는 고향집 같은 존재였다. 그는 산에 있을 때 가장 살아있음을 느끼는 것이 분명했다. 혼자서 묵묵히 산을 열고 가는 그의 모습을 상상해 본다. 그 수많은 산길을 걸으면서 그는 무엇을 보고 무엇을 생각했을까. 그의 여러 시편에서 산이 등장하고 산에서 만난 나무와 돌과 꽃과 비와 햇살과 새싹과 낙엽과 생명과 죽음과 만남과 헤어짐들이 그와 함께 했다. 산은 그에게 삶이며 아름다움을 가르쳐 준 미학의 본원이었다. 이 글에서 나는 가을을 적지 않는다. 가을은 그의 여행의 처음이자 끝이었다. 그의 가을여행을 나는 글로 기록할 수 없다. 함께 떠나서 함께 느끼고 함께 바라보지 않은 한 눈부신 그의 가을여행의 아름다움은 이 세상에 존재하지 않는다. 그는 늘 아름다움은 다가가지 않으면 만나볼 수 없다고 말하며 그 세상을 발견하고 얻기 위하여 일상의 평범함을 혐오하고 일탈의 무모함을 일삼는 것을 자랑스러워할 수 있었던 진정한 탐미주의자였다.

하지만 언제인가부터 그 아름다움을 좇지 않아도 된다고 느낀 것 같다. 다가가려 애쓰지 않아도 이미 아름다움은 존재하고 있었음을 그는 깨우친 것 같다.

지금껏 내가
너를 흔드는 줄 알았어
내가 다가가 꽃이 피고 열매가 맺고 계절이 바뀌는 줄 알았어
그런데 그게 아니더라구

떨어지는 나뭇잎의 작은 네 흔들림이 나비의 네 고운 날갯짓 하나가 나를 흔든다는 걸
나를 일으켜 세우고 춤을 추게 한다는 걸
언제나 네가 먼저 깨어 있었다는 걸
나를 바라보고 있었다는 걸

불러 외치고 있었다는 걸

이제 알았네
그래서 내가 있다는 것을
그래서 우리 세상이 있다는 것을

—「바람 이야기」

그런데 그 발견은 그를 행복하게 하기보다는 고통스럽게 하는 것 같다. 아름다움에 순교하고자 탐미의 고행을 선택했던 지난날은 스스로 다가만 가면 아름다운 세상은 그의 것이 되었었다. 자기가 다가가면 꽃이 피고, 열매가 맺었었다. 하지만 이미 고운 세상이 먼저 깨어 있어 나를 바라보고 있었다고 느낄 때 자기를 둘러싸고 숨 쉬고 있었던 그 수많은 아름다운 순간들을 이제껏 알아채지 못하고 있었던 이 탐미의 구도자는 얼마나 부끄럽고 참담했을 것인가. 언제 나뭇잎의 흔들림을, 나비의 날갯짓을 느껴야 하는지, 어떻게 해야 그 아름다운 세상과 함께 하나가 될 것인지를 찾아내지 못하고 있다고 느낄 때만큼 고통스러운 순간은 없었을 것이다.

그러나 아름다운 세상이 진작부터 자신과 하나였던 것은 결국 그에겐 축복이 아니겠는가. 하여 그는 그 세상을 바라다보는 것만으로도 가슴 떨릴 수 있는 운명을 너무도 당연히 선택하는 데 주저하지 않는다.

라라를 바라보는 지바고의 눈빛으로
아! 나는
너의 시를 쓰고 싶었는데

한 구절 떠올리기도 전에 옆얼굴만 가득하고
점점이 귀여운 주근깨만 보이네
–시인 되지 말고 화가가 될 걸
운율 가닥 다스리면 시냇물에 닿는
푸른 목소리만 쟁쟁 울리네
–글 쓰지 말고 노래 배울 걸
다리와 가는 허리와 살짝살짝
결 고운 이와 작은 입모양과 싱싱한 어깨가
발갛게 웃으며 산빛 마구 흔드는데
싸늘한 산기운에 나는 눈이 시리네
차가운 아침 이슬에 온몸이 젖네
–사람 되지 말고 바람이 될 걸
–바람이 될 걸, 구름이 될 걸
아아! 나는
–네 옆을 떨며 지키는 사시나무나 될 걸

–「산나리꽃」

그가 삶이라는 산의 미망의 끝에서 다행히 산나리를 만나게 되기를 나는 진정 바란다. 그리고 이루어질지 모르나, 혹 이루어지지 않더라도 산나리 옆모습만 바라보는 것만으로도 가슴 떨리는 행복함으로 그 스스로 자처한 아름다움의 시녀로서 살게 되기를 바란다. 아니다 어쩌면 그는 이미 시녀로서의 삶에 행복해 하고 있는지 모른다. 다가올 봄날 꽃 피어 떠오르는 세상을 거니는 꿈에 부풀어 날짜를 세고 있는 것을 보면.

그가 꽃을 말할 때 그의 눈은 어느 때보다 빛날 것이다.
그러나 빛난 만큼 더 깊게 감길 것이다.

문학의전당 · 시인선 66
당신이 오실 때

초판인쇄 2009년 2월 10일
초판발행 2009년 2월 15일

지 은 이 노진욱
펴 낸 이 김충규
펴 낸 곳 문학의전당
출판등록 제387-2003-00048호(2003년 9월 8일)

주　　소 121-718 서울특별시 마포구 공덕2동 404번지 풍림VIP텔빌딩 202호
전화번호 02-852-1977
팩시밀리 02-852-1978
블 로 그 http://blog.naver.com/mhjd2003
전자우편 mhjd2003@naver.com

I S B N 978-89-93481-12-9 03810